AF240312

LA FIN

PROCHAINE et IMMINENTE

DE LA

RELIGION CATHOLIQUE

APOSTOLIQUE ET ROMAINE

PAR

JULES ALLIX

PARIS

IMPRIMERIE MODÈLE, H. DUTERTRE

18, rue Richer

———

1896

NOTA. — Voir, pour les Constatations à faire, à partir du 10 septembre 1896 :

Le *Discours Manifeste* du 7 juin 1896 et le *Discours* du 12 août 1896.

————

— La Constatation scientifique aura lieu, le Dimanche, 20 septembre 1896, à la Réunion publique indiquée au *Casino des Fleurs*, 133, avenue de Clichy, à deux heures et demie.

NOTA. — Voir, pour les Constatations à faire, à partir du
10 septembre 1896 :

Le *Discours Manifeste* du 7 juin 1896 et le *Discours* du
12 août 1896.

———

— La Constatation scientifique aura lieu, le Dimanche,
20 septembre 1896, à la Réunion publique indiquée au *Casino
des Fleurs*, 133, avenue de Clichy, à deux heures et demie.

LA FIN
PROCHAINE et IMMINENTE
de la
RELIGION CATHOLIQUE
APOSTOLIQUE ET ROMAINE
par
JULES ALLIX

AVANT-PROPOS

Le Comité de l'*Union des républicains socialistes* du deuxième arrondissement de Paris, réuni le mercredi 8 juillet, avait à son ordre du jour :

Conférence. — Solution de la question sociale.

M. *Bouis*, ayant préconisé l'idée de résoudre *la question sociale* par *la suppression de la guerre*, le c. *Jules Allix* demande à parler d'une autre solution de la même question au point de vue religieux.

La *question sociale*, a-t-il dit, est multiple; mais on ne commencera pas, pour sa solution, par l'entente des peuples en vue de supprimer la guerre; cette entente ne peut être au contraire qu'une conséquence. C'est donc illusoire, quoique cela semble humanitaire, de chercher à faire de la propagande dans ce but. Les intérêts des peuples monarchiques sont directement en opposition avec ceux des peuples démocratiques; les uns et les autres sont engagés malgré eux dans une voie malheureuse et fatale, que les nations en présence ne peuvent pas vouloir déserter sans se suicider elles-mêmes. Nulle entente sur ce point n'est possible entre les peuples en l'état des choses présentes. Si l'on a des *Ligues de la Paix*, on a aussi *la triple alliance* des monarchies. Tout le monde maudit la guerre, — ceux-là même qui la font en parlent de la sorte, — et tout le monde la subit. C'est donc bien un lieu commun inutile que de dire : *si* le Budget de la guerre était remplacé par le Budget de la paix, la question sociale serait résolue. Avec des *si* pareils on résout tout en paroles sans nulle difficulté.

On aurait aussi pu vous parler d'une solution de la *question sociale* par une combinaison économique! Laissez-moi, je vous prie, vous entretenir ici d'une autre solution relative à la même *question sociale,* solution très inattendue, mais qui n'en est pas moins urgente et prochaine. Je veux parler de la solution que J'ai pu annoncer le 7 juin dernier, par mon *Discours-Manifeste,* prononcé à la salle du *Casino des Fleurs,* 133, avenue de Clichy, à Paris, solution prochaine, en effet, puisque le commencement de l'exécution que J'ai précisé doit pouvoir être constaté, à Paris et à Rome, dès le mois de septembre prochain. Si nous n'avions pas aujourd'hui le temps nécessaire, je vous demanderais de mettre ce sujet à l'ordre du jour de la réunion du Comité pour le mois d'août prochain; mais la *question religieuse* est tellement importante, dans la *question sociale* elle-même, que, si J'en puis parler dès aujourd'hui, nous pourrons encore mieux en reparler au mois prochain, où nous serons alors plus rapprochés de la solution espérée, laquelle a été indiquée précisément pour que la crise annoncée puisse se vérifier, au mois de septembre suivant, donc prochain.

———

En fait de *question sociale,* chacun de nous peut considérer sa solution à un point de vue particulier; mais c'est un tort de croire que la solution vraie puisse résulter d'une simple combinaison économique ou financière, pas plus, d'ailleurs, qu'elle ne nous peut venir d'une simple loi dite politique. Les causes de la misère humaine sont plus profondes que cela, et les Religions en sont une, qui ne dépend ni de la politique, ni des lois, non plus que des dispositions économiques, mais bien des mœurs mêmes qu'elles nous ont faites.

Ainsi, quand on parle des réformes, et que l'on se chamaille, qui pour la politique, qui pour le socialisme, qui pour l'économisme, et d'autres pour la religion et ses ministres, les curés, le pape, les évêques, — les archevêques et les cardinaux non oubliés, — il est clair que l'on a en présence, en France comme partout, des partis opposés, qu'il serait puéril de vouloir concilier par des chiffons de papier, ou par des lois quelconques dites économiques ou politiques! On est bien mieux fondé, au fond, quand on demande, comme les socialistes, la réforme générale et sociale de toute la société actuelle, basée sur le principe ancien de l'*autorité despotique,* afin de lui substituer une société nouvelle de *liberté organisée* en vue de la solidarité du travail et des intérêts de tous! Et, même les Politiques opposés au Progrès, c'est-à-dire tous les réactionnaires ou conservateurs de tous noms, pour répondre aux socialistes, et pour les attaquer, leur reprochent de vouloir *supprimer...* la *religion,* la *famille* et la *propriété..,* choses qu'ils sentent bien exagérées et mensongères, mais qu'ils énoncent cependant, en vue d'en effrayer les femmes, les enfants et les bourgeois propriétaires; ils sont pourtant un peu dans la vérité, quoiqu'ils fassent ces discussions par

excès de langage et par peur. Cependant, malgré toutes ces distinc-
tions et discussions, les choses vont et marchent quand même selon
leur train vers leurs buts nécessaires!. » — « Or, l'un de ces buts, *la
suppression des religions*, est une simple nécessité! Et nous y allons!
— que dis-je? — nous y arrivons.

—

— « Car, non seulement cette suppression est une nécessité
urgente, mais Je veux aussi vous dire que ça va être une prochaine
actualité, une réalité importante et patente, et que, même, Je veux
annoncer précisément, ainsi que Je l'ai fait d'ailleurs, le 7 juin
dernier, par mon *Discours-Manifeste*, prononcé au Casino des Fleurs,
à Paris. »

— « Ce n'est pas ce discours que Je veux reproduire ni répéter,
mais bien les compléments et les circonstances, que J'ai pu dire
également, et que l'on va pouvoir prochainement vérifier. »

— « J'ai dit là, et Je répète ici, que c'est au mois de septembre
prochain, le 10 septembre 1896, que l'on va voir se commencer, à
Paris, la suppression directe de la Religion catholique, apostolique
et romaine, par la suppression même de ceux qui l'administrent ou
la pratiquent. »

Un membre du Comité, *interrogeant.* — Citoyen, mais c'est un
discours que vous faites?...

— Le c. Jules Allix. — Non, Je ne désire que vous donner des
motifs, afin d'obtenir que cette question de *la fin prochaine des religions* soit mise à l'ordre du jour de votre prochaine séance mensuelle du mois d'août; mais nous pouvons, si vous le voulez,
remettre cette décision à la fin de la séance.

. . . .

A la fin de la séance, le Comité, après délibération, a mis à
l'ordre du jour de la séance mensuelle du 12 août 1896 cette
question :

Conférence par JULES ALLIX : *La fin prochaine et imminente de la Religion catholique, apostolique et romaine.*

DISCOURS du 12 Août 1896.

DISCOURS

Prononcé par JULES ALLIX au Comité de l'Union des républicains socialistes du deuxième arrondissement de Paris, Salle du Nègre, boulevard Saint-Denis, 17,

LE 12 AOUT 1896

CITOYENS,

Dans votre réunion mensuelle du 8 juillet dernier, vous avez bien voulu mettre à votre ordre du jour de cette présente réunion le sujet dont J'avais eu l'honneur de vous entretenir un instant. A mesure, en effet, que le temps des Evénements que j'indique se rapproche, il est naturel que le désir d'en être mieux informé s'augmente. Pour Moi-même, également, et pour les vérifications que J'en désire. Je ne puis que vous remercier d'avoir bien voulu consentir à m'écouter à cet égard. *La fin prochaine et imminente de la Religion catholique, apostolique et romaine* est, en effet, un titre d'actualité, puisque la solution qu'il doit s'agir de vérifier n'a plus, en réalité, qu'un mois environ à attendre.

Je ne reviendrai pas sur ce que j'ai pu dire de *la question sociale* le 8 juillet dernier; mais, pour l'intelligence des Evénements eux-mêmes, j'apprécierai les motifs énoncés en mon *Discours-Manifeste* du 7 juin dernier, et cependant, comme Je n'aime pas trop les redites, Je ne le ferai que pour vous en faire connaître le véritable but et l'ensemble, ce qui nous permettra, d'ailleurs, d'y ajouter quelques détails nouveaux intéressants.

A l'occasion de la fête de l'inauguration de la rue *Maria Deraismes* en 1895, j'avais pris l'engagement de démontrer que la Religion dite catholique, apostolique et romaine n'était qu'une œuvre satanique et condamnable; or, J'ai fait plus : J'ai, le 7 juin dernier, prononcé moi-même sa propre condamnation, et c'était, en effet, là le but réel que Je me proposais; car c'est aussi pour cela que J'ai appelé mon propre Discours, mon Manifeste, à Moi, contre la Religion.

Je ne me dissimulais pas les conséquences ; et Je savais aussi que je pouvais prévoir des empêchements de circonstance ou de mauvais vouloir quelconques. J'ai donc pris la précaution de convoquer une *Réunion publique* par invitations, et Je dois reconnaître que la presse de Paris, que J'y avais particulièrement invitée, ne m'a pas fait l'honneur d'y assister. Mais, le jour même où J'ai prononcé mon Discours, que J'avais fait imprimer d'avance, Je l'ai mis à la poste pour l'envoyer par toute la France, à toute la presse républicaine des départements. Il est allé le même jour à l'Etranger de même ; il est allé, de plus, au Pape directement, puisque c'est à ma séance elle-même du 7 juin qu'un Délégué de la Libre-Pensée de Versailles qui y assistait l'a mis publiquement à la poste des Epinettes, au nom même de la Réunion. Il est de fait que quelques Journaux de province ont, eux, parlé de mon discours ; mais la presse de Paris n'en a rien dit, sauf les annonces antérieures.

Moi, J'ai reçu différentes lettres, les unes sympathiques, d'autres un peu hostiles. Ce qu'il m'importe de vous dire, c'est qu'ayant ainsi publié et répandu mon *Discours-Manifeste*, J'ai parfaitement pu constater que sa publicité ne passait pas inaperçue. Pour vous le montrer, Je vous citerai particulièrement trois de mes correspondances, l'une de Lille, l'autre de Paris, et la troisième d'Alger ; ce qui, en vous représentant pour ainsi dire l'axe même de la France, vous montrera en même temps, ce qui est curieux, la représentation également de toute l'opinion publique elle-même, — allant depuis la véritable sympathie jusqu'à son extrême opposé, l'injure.

En vous citant ces trois correspondances et mes propres réponses, vous pourrez ainsi réellement apprécier toute l'opinion publique... et tout ce qu'on a pu dire d'avance... pour mon Manifeste en question. C'est même pour cela que Je désire moi-même les constater ; car elles sont des exemples, qui m'ont ainsi fourni l'occasion de réponses que Je n'aurai plus à reproduire.

Ainsi, de ces trois correspondances, l'une, *de Lille* en Flandre, est tout à fait sympathique ; celle de Paris est un remerciement ; quant à celle d'*Alger*, c'est un article du Journal *La Vigie algérienne*, qui peut être considéré comme la représentation générale de ce que la presse de Paris elle-même n'eut, sans doute, pas manqué de vouloir également me dire, à moins que l'on eût pu avoir le désir naturel d'attendre... avant les Evénements.

Cet article aigre-doux de la *Vigie algérienne* m'est même précieux à reproduire, ainsi que ma réponse ; car cela coupera court à toutes les opinions de ce genre, dont Je n'aurai plus à m'occuper en aucune façon.

Il faut vous dire qu'à la fin de mon Manifeste, il y a quatre lignes que voici :

> — « Et que l'on sache aussi,
> Que je me signe ainsi :
> Homme et Esprit ! »
> — « J'ai dit. »

Or, c'est là précisément ce qui cause la sympathie des uns, — puis la critique des autres. — « Vous allez d'ailleurs en juger ; car J'ai le

désir, Moi, de citer ces correspondances, pour l'enseignement qui
en peut résulter même pour la conscience publique, » — et puis
également en vue des différentes Explications, qui doivent venir
ensuite, après les vérifications premières annoncées pour septembre
prochain.

Première correspondance : De LILLE

C'est une lettre signée de M. Carlier, qui accompagne sa
signature d'un signe particulier d'Initié.

Lille en Flandre, le 21 Prairial, an 104.

CHER FRÈRE EN CROYANCE,

Je sors à l'instant de la mûre méditation de votre excessif et diffi·
cile « Discours-Manifeste » pour l'anniversaire de la fête de Maria
Deraismes.

De vous, Homme et Esprit, dans de mêmes circonstances, je ne
pouvais espérer une plus nette explication qui serve plus aux mani-
festations.

Merci d'avoir semé en bonne terre la vérité féconde! car maintenant, comme vous, Je dis : « pour comprendre la vie : « la vie
humaine et puis la vie Esprit! »

J'adresse d'abord mes congratulations énergiques à l'Homme
uniquement, dont avant vous Pascal a dit : « Roseau pensant. »

Je m'incline devant votre Esprit salubre, forme deuxième de
votre Moi.

Jules Allix, Homme et Esprit, merci. DIXI.

Signé :   CARLIER.
œil
28, rue de Fives, Lille-en-Flandre (Nord).

P. S. — Un de vos admirateurs multiples m'a vanté votre admirable
théorie sur les Escargots sympathiques. Voulant me livrer à cet intelligent
élevage, Je prie votre Esprit de me donner les renseignements dont utile.

Je les convie et Je les attends.

Voici ma réponse :

Paris, 10 juin 1896.

CHER CITOYEN CARLIER,

Je vous remercie moi-même de votre lettre.

Si vous aviez assisté à ma séance, vous sauriez que J'y ai précisé
ce que Je ne pouvais pas imprimer, c'est-à-dire la fin prochaine que
J'ai annoncée.

Je suis donc bien aise de vous dire que c'est en septembre prochain que le grand déménagement commencera, à Paris et à Rome
précisément.

A la séance, J'ai adressé directement mon discours au Pape lui-
même.

J'en ai dit plus à la séance, mais je dois reconnaître que la presse brillait un peu par *son absence,* malgré mes invitations renouvelées.

—

Maintenant, que vous dire du sujet particulier dont vous parlez? Les escargots sympathiques datent de 1849. Ils ont fait événement ; mais la plaisanterie me les a si reprochés, qu'il n'en est plus aujourd'hui question, depuis qu'en 1885 J'ai fait une Conférence publique, qui a remis *pour moi* les choses au point... contre les journalistes rieurs et inintelligents, que J'ai fait rire d'eux-mêmes et de leurs rires contre moi.

Bref! c'était une découverte importante, *non de moi,* mais publiée par moi. L'Inventeur, M. Benoit, étant venu à mourir, il n'y a plus été donné de suite, et J'ai dû bien souvent relever les sottises que l'on a débitées à ce sujet.

Pour vous qui me conviez et attendez la Vérité, Je vous le dis simplement :

De là date pour moi la découverte des Courants de la Vie, tout aussi bien de la Vie corporelle que de la Vie spirituelle. Je ne fais aucune difficulté d'expliquer le phénomène dont il s'agissait, mais l'élevage des escargots dans ce but serait un leurre. L'Inventeur se l'était pourtant proposé. L'élevage, au point de vue culinaire, serait peut-être plus lucratif.

·Pour Vous ici, ce qui a été l'important de la découverte, c'est que c'était, au regard du Magnétisme animal, alors tout à fait méconnu et inconnu, une démonstration positive et animale en même temps. Mais il y avait plus, et le plus en question, nul n'y a rien vu et Je vous le dis :

Il y avait *l'union,* dite, dans mon mémoire de ce temps, *le mariage des fluides,* l'union des trois magnétismes *minéral, animal et hominal,* pour en obtenir un *cordon conducteur*, qui dispensait de tous les fils de fer du télégraphe électrique, qu'on a perfectionné depuis en téléphone, lequel est bien un peu annoncé dans mon mémoire, quoique Je ne me sois nullement préoccupé de tout cela depuis la mort de l'Inventeur, M. Jacques-Toussaint Benoit.

—

La formule du *Roseau pensant* est plus savante qu'on ne croit ; mais je ne serais pas du tout disposé à faire de mon Moi un double Moi. Je revendique au contraire mon Unité-principe et fin en même temps.

Songez, cher Citoyen, que c'est à Bruxelles, en 1859, que J'ai fait les affirmations premières, et que, cette fois, c'est pour la suppression des religions de toutes sortes, et même aussi de différentes sectes inutiles, — qu'il faut qu'on sache que la Vie *une* est *matérielle* et *spirituelle* en même temps ; — mais l'Esprit étant une *substance réelle*, il est donc aussi *matériel ;* conséquemment, l'Unité de la Vie consiste à se connaître Homme et Esprit en même temps.

Si j'ai signé de la sorte, c'est pour que tout le monde en puisse faire de même..., à la condition de savoir et de comprendre que Je suis Moi,

Bien cordialement,   Votre

JULES ALLIX

62, rue Tiquetonne, Paris.

Deuxième correspondance : De PARIS

C'est une carte de visite avec ces mots : *avec mes remercie-ments.*

Je n'indique pas le nom de la personne, qui ne m'a point autorisé à publier ses opinions, mais Je désire ainsi démontrer que Je lui ai annoncé des vérités utiles, et qui peuvent servir d'enseignement.

Voici la substance de ma lettre en réponse :

— 1º Je pense qu'il vous sera agréable de savoir que les évène-ments que j'ai annoncés se vérifieront en septembre prochain ;

— 2º Que c'est à Paris et à Rome que les ministres attitrés com-menceront à disparaître, sans que je veuille écrire leurs noms ;

Et puis 3º un fait particulier, où Je disais : que J'avais pu m'en-tretenir avec *Abel Hovelacque*, le lendemain de ses funérailles, et qu'il m'avait manifesté le regret de n'avoir pas eu d'entretien avec moi sur ce sujet pendant sa vie, — ce qui corrobore, comme ensei-gnement, le dernier paragraphe de mon Discours-Manifeste imprimé du 7 juin 1896.

Troisième correspondance : D'ALGER

C'est un article du Journal *La Vigie algérienne*, numéro du mercredi 17 juin 1896, — dont l'auteur, M. Marc, a eu l'ama-bilité de m'adresser cet exemplaire.

Je vous le lis d'abord textuellement. Je vous donnerai ensuite le texte aussi de la réponse que Je lui ai adressée aussitôt la réception de son Journal :

« HOMME ET ESPRIT »

De tous temps, nous avons eu ce que j'appellerai les Phénomènes de la religion, c'est-à-dire ces espèces de fanatiques, ces cerveaux pas humainement composés, qui se signalent à l'attention de la foule par leurs paroles bizarres et leurs actes extravagants. C'est d'un de ces produits incohérents de la Nature que j'ai à m'occuper aujourd'hui. J'ai nommé Jules Allix « homme et esprit », comme lui-même le dit et l'écrit.

Jules Allix, c'est l'apôtre de l'anti-religionisme outrancier; Jules Allix, c'est le défenseur de la libre-pensée extrême; Jules Allix, c'est, bien plus, l'accusateur de Dieu, le vengeur des nations, des hommes opprimés par la justice boîteuse; par la cruelle méchanceté de ce Dieu que, sottement, ils adorent, croyant, par leurs singeries et leurs grimaces hypocrites, l'adoucir et obtenir de lui un peu de pitié et de protection.

Ne venez pas discuter avec Jules Allix : vous êtes perdu. Malheur à celui qui met en doute que la religion est un crime épouvantable : les reproches les plus terribles s'amoncellent sur sa tête.

« Moi, Jules Allix, lui dit-on, à la face même du ciel et de la terre, et pour l'humanité, l'occasion m'en étant offerte, je lui déclare que son Dieu catholique existe, qu'il est Satan lui-même, l'usurpateur de la vie humaine, le mal même de l'Humanité! Enfin, son Dieu qu'il préconise et prêche, il faut le dire au pape, il faut le dire aux prêtres, c'est un monstre d'iniquité contre l'humanité! »

Nous voilà donc en rapport avec Jules Allix — on ne saurait appeler *Monsieur* l' « homme et esprit ». Si vous voulez faire plus ample connaissance avec le défenseur des victimes du Dieu des religions, il ne tient qu'à vous : cet esprit loge 62, rue Tiquetonne, à Paris.

En attendant, je vais, à simple titre de curiosité, vous entretenir du « discours-manifeste prononcé par Jules Allix, le 8 juin 1896, aux Epinettes, à Paris, pour l'anniversaire de Maria Deraismes ».

Entre parenthèse, il convient peut-être de vous rappeler que Maria Deraismes était — car elle est morte — l'illustre présidente de la *Société pour l'Amélioration du sort de la Femme et la Revendication de ses droits*.

Ceci dit, revenons à notre apôtre implacable. Il paraît, il le dit lui-même, qu'il a une haine toute particulière pour la religion et pour Dieu. Ecoutez plutôt :

« En fait, nulle religion n'est catholique, nulle n'étant universelle; et même, celle qui s'est faite à Rome depuis 1900 ans, ne s'est dite catholique qu'avec l'intention de le devenir... si elle pouvait! — Or, qu'est-elle devenue? — L'histoire est là présente.

« Sans être plus répandue qu'elle ne l'est, elle est devenue :... l'horreur des guerres religieuses, l'inquisition, le despotisme, la trahison contre l'humanité, le jésuitisme intolérant et mercantile, l'abêtissement de l'ignorance, l'exploitation du vice de la superstition, la maladie honteuse de notre humanité!

« On nous dit que la religion est *divine, sainte, respectable*, et, en son nom, c'est *le Mal* seulement que l'on fait!

« On nous dit que la religion est *morale* et que ses enseignements viennent de Dieu, puis· tous les préceptes qu'elle donne n'ont pour but que de courber l'homme et toute l'humanité devant cet être chimérique, emporté, malfaisant, — qu'ils exploitent tous à qui mieux mieux !

« — En fait de moralité, si l'homme n'est pas libre, quelle responsabilité peut-on lui demander ? »

L' « homme et esprit » est certainement un grand esprit, voire même un grand homme. Tout le monde n'est pas capable de trouver de semblables choses. Mais ce n'est pas tout. Continuons :

« Que la religion écoute, dit-il, et se défende du reproche que Je lui fais : « d'être à la fois une Ecole de mensonge et d'immoralité contre l'humanité ! » — contre l'humanité ! » — contre l'humanité !... blessée, honnie, trahie, vilipendée... par une usurpation d'Autorité, que Je *les somme* ici d'avoir à justifier ! »

Décidément Jules Allix doit être un proche parent de Gérente (*sic*).

Plus loin, après plusieurs·pages de cette prose dont je viens de vous donner un échantillon, non content d'exhaler sa haine contre la religion, il s'en prend directement à Dieu lui-même. « Je dis Dieu, hurle-t-il, quel qu'il soit, coupable, — coupable, entendez-vous, de lèse-humanité ! »

Enfin, continuant toujours de la même façon, il termine ainsi :

— « Il me suffit, à moi, de vous le faire entendre. »

— « Et que l'on sache aussi —
Que je me signe ainsi :
« Homme et Esprit. »
— « J'ai dit. »

Je suis
JULES ALLIX
« Homme et Esprit ».

Voilà, à n'en pas douter, un échantillon assez bizarre de ce que peut produire le cerveau de certains de ces bipèdes que l'on est convenu d'appeler des hommes. Ce qu'il y a de mieux, dans tout cela, c'est cette colère militante contre Dieu, ce Dieu qui, après tout, ne lui demande rien, et qu'il ne peut pas accuser de provocation. Pourquoi aller ainsi attaquer jusque dans son ciel ce pauvre innocent de bon Dieu? Cela rappelle un peu l'histoire de Don Quichotte luttant contre les moulins à vent. Et encore le héros espagnol avait pour lui cette excuse qu'il avait quelque chose devant les yeux, tandis que, si je ne me trompe, Jules Allix n'a pas à reprocher à Dieu sa présence importune.

Non, en vérité, Jules Allix « homme et esprit » me semble être à point pour..... Charenton. Qu'en pensez-vous ?

MARC.

Je lui ai fait cette réponse :

Paris, le 21 juin 1896.

A Monsieur Marc, rédacteur de la Vigie algérienne,
à Alger.

Monsieur,

Je vous remercie de l'envoi de votre journal, *la Vigie algérienne*, numéro du 17 juin courant.

Vous ne me paraissez pas avoir tout à fait compris le but de mon discours du 7/8 juin, si vous n'en avez retenu que ce que vous en citez.

Sachez donc qu'à la réunion publique du 7 juin, où Je l'ai prononcé, j'ai parfaitement précisé que les vérifications premières seront prochaines, et que même nous avons pris rendez-vous pour les faire... à partir du 10 septembre prochain.

Le pape lui-même, qui a reçu mon Discours comme vous, sera bien obligé de nous en donner son avis à sa manière. Vous ne pourriez pas l'apprécier aussi bien que vous le ferez, — si Je ne vous le disais pas, comme Je l'ai d'ailleurs fait à la réunion du 7 juin.

C'est, de plus, à Paris même, que commencera la vérification de l'exécution prochaine annoncée.

———

Pour ce qui est de vos appréciations personnelles pour moi, ne voulant pas vous attribuer ce que vous pourriez lire à cet égard dans ma brochure, je ne la cite pas ; mais vous devez bien penser que Je tiens peu de compte de ces aménités, trop faciles à dire, et sans importance au fond.

Veuillez bien agréer, Monsieur, avec mes compliments, toutes mes salutations.

JULES ALLIX.

Je n'ai pas voulu attribuer à M. Marc la réponse faite d'avance aux aménités qu'il public, mais je vais ici vous la lire en ma propre brochure indiquée (*) et vous jugerez :

> — « Oh ! Je m'inquiète peu que l'on rie ou qu'on chante,
>   Que l'on m'insulte ou qu'on plaisante,
>   Que l'on me dise même fou ! »
> — « Des sots l'ont déjà dit, — la race en est constaute. »

———

(*) JULES ALLIX HOMME et ESPRIT MANIFESTE. — Brochure grand in-8°. Trois feuilles. Prix : 1 franc. Chez l'auteur, 62, rue Tiquetonne, ou à la librairie de *La Lanterne*, rue Richer, 18, Paris.

> — « Je ne suis pas jaloux de leur verve ignorante,
>   Et, s'ils ont le licou
>   Qui convient à leur cou,
>   Ils peuvent braire : ... l'année présente
>   Leur répondra — selon leurs goûts ! »

Or, il y a, de plus, à la suite, une *conclusion* qui a son importance, et que Je suis bien aise de reproduire ici, pour qu'on sache bien que Je ne tiens nul compte ni des critiques, ni des erreurs, — dont les Conséquences d'ailleurs sont prévues. J'ajoutais donc :

> — « Allez donc, Messeigneurs, Allez donc, tous, —
>   Mesdames et Messieurs, Allez où vous
>   Emportent votre ignorance et vos erreurs ! » .

> — « Je n'annonce pas de prodige ;
>   Je ne spécule pas sur la peur ;
>   Je dis que Je suis Moi, — Esprit et Cœur, —
>   Tout comme un autre et comme vous ! »

> — « Que je sais seulement, et que Je fais, conséquemment,
>   Ce que, tous, bien savants, vous ignorez pourtant ! »

> — « Et lors, si Je suis Moi, vous dis-je ; »

> — « Alors, Vous, —
>   Qu'êtes-vous ? »
> — « Des fous ! »

Je ne cite pas d'autres correspondances. Celles qui précèdent me paraissent résumer, en effet, tous les genres de réponses qui peuvent être faites avant le temps annoncé des vérifications publiques. Vous remarquerez, d'ailleurs, que nul ne m'a parlé du but précis de mon Discours-Manifeste, ni des différentes circonstances que J'avais bien particulièrement annoncées lors de la réunion publique du 7 juin. Il est donc à propos que je revienne ici sur ces circonstances mêmes. C'est d'ailleurs mon but aujourd'hui.

— « Dans mon *Discours-Manifeste*, J'avais en vue l'énonciation de *l'attaque première*, ou mieux, si vous voulez, *la dénonciation de la condamnation* portée contre la Religion elle-même, c'était *l'affirmation* de la cause elle même, — *accusée* et *jugée*. »

— « Aujourd'hui, Je ne veux parler que de ce que va nous montrer... *l'exécution de la sentence par moi même prononcée*... sans appel et sans réticence aussi, — pour que la suppression finale de tout le culte qu'elle pratique s'ensuive aussi très prochainement, et le plus tôt possible ! car cette suppression de la Religion, par la suppression... humaine et directe de ses ministres attitrés, mitrés ou autres, même laïques, — ne peut pas se faire... en un jour...! d'un coup de baguette... de fée ! » — « Le fait cependant ne manquera pas d'être rapide, — précisément pour qu'il soit mieux remarqué, mieux assuré, pour le temps même, — d'abord, en France, où J'ai pu déjà l'annoncer. »

— « Je désire que, de toutes manières, l'on sache bien que les suppressions qu'on va voir sont *voulues*, *décidées*, et puis même *faites* aussi par les Esprits coupables, et qui, accusés et convaincus de leur propre culpabilité, ont dû vouloir et veulent aussi, par là, se justifier d'en avoir fait faire le principe. » — « Ce n'est pas affaire de colère, ni de haine, mais affaire de justice... immanente et sociale. » — « Donc, cessez toutes plaintes, toutes prières, toutes réclamations, toutes génuflexions !... ou récriminations ! cessez toutes retraites, toutes contritions, toutes offrandes ou oblations; le tout serait peine inutile. » — « La contrainte elle-même ne serait capable de rien. » — « C'est le *Jugement dernier*, si Je puis dire, sans appel et sans rémission ! » — « Toute la Religion, tendant à courber l'Homme devant un Dieu quelconque, ou devant quelque Divinité que ce soit, *diabolique* ou *même divine*, comme l'on voudrait dire, toute Religion quelle qu'elle soit *contre* l'Humanité, pour son crime même *avéré d'autorité mystérieuse ou mystique*, comme vous pourriez aussi vouloir la qualifier, — toute Religion enfin, dite « *surnaturelle* » ou bien même « *spirituelle* », étant coupable, en fait, de lèse-humanité, est, par-là même, et en principe aussi, également condamnable !... et condamnée. » — « C'est là ce que J'ai dit ; — Je le répète. »

———

— « Avec le temps, en conséquence, toutes les Religions, les unes après les autres, vont disparaître de notre Humanité ! »

— « Mais la Religion catholique, apostolique et romaine, en France, et puis à Rome, et puis après partout, va disparaître la première ; et sa chute, sa fin complète commencera à Paris, le 10 de septembre prochain, par la disparition de ses premiers ministres à Paris, — laquelle sera après suivie de celle de tous les autres, aussi bien que de celle aussi de toutes les autorités ou sympathies qui les voudront soutenir, protéger ou sauver, et qui, elles-mêmes ainsi, pour ainsi dire, *se voudront suicider* elles-mêmes... pour les vouloir accompagner. » — « Ce qu'il résultera de là, Je ne puis pas, Je ne veux pas le rechercher, ni le prédire. » — « Je veux l'ignorer au contraire, car c'est en liberté de conscience... pour tous également que cela se fera. »

— « Mais, ce qu'on sait déjà des choses humaines le peut faire prévoir en partie et cela peut se dire. » — « Et puis, *les Conséquences*, après, c'est ce qu'on peut prévoir aussi de même et ce que la prévoyance humaine a même le devoir de rechercher dès maintenant. »

———

— « Si donc, l'on se souvient qu'après l'Exposition universelle internationale de 1889, à Paris, on a eu l'apparition, à Paris, d'abord, puis en France, et puis partout, d'une nouvelle maladie, dite l'*In-*

fluenza, et que quelque panique s'en est suivie, l'on peut bien se représenter que l'on va pouvoir constater quelque chose de pareil, avec cette différence pourtant que l'*Influenza* n'était que *bénigne*, et que la *Nouvelle Influenza*, au contraire, sera *maligne*, et sans nulle guérison possible. » — Comment l'appellera-t-on ? — Je l'ignore. Peut-être bien un *Choléra*; mais, en tous cas, l'on constatera qu'il sévira sur tout ce qui tient de la Religion catholique, apostolique et romaine, — ou la soutient. »

— « On peut dire, en réalité, que ce sera *une Influenza cléricale !* »

— « Et, ce premier point, supposé constaté, vérifié, le chapitre des *Conséquences* est également ce dont on peut, ce dont on doit se préoccuper. Ce chapitre est, en effet, à prévoir, et l'on doit même, sur ce point, parler par prévoyance; car, réellement, cela va commencer à se vérifier dès septembre prochain. »

— « Que si l'on n'en dit rien, on y viendra sans prévoyance et dans la surprise seulement, tandis qu'en en parlant, un peu d'avance, on pourra, à quelque rigueur, s'y attendre et s'y préparer. »

— « C'est pour cela que J'en parle moi-même. » — « Ceux qui le trouveront bien s'en réjouiront; les autres pourront s'en plaindre ou se lamenter; mais la chose n'en sera pas moins la même, — puisque J'ai dit : que *c'est voulu* — pour obtenir la suppression directe de la Religion catholique et de son culte, — sans rémission, sans nulle récrimination, comme aussi sans opposition ni défense possible ! »

— « Or, pour les *Conséquences*, — en *politique*, il est facile de prévoir qu'il va cesser d'être question de tout cléricalisme et de toute république opportuniste et même radicale. La République dite sociale en sortira nécessairement, fatalement, et sans phrases inutiles. Il ne pourra donc plus être question alors ni de Religion, ni de culte, ce qui va vite déblayer les difficultés qu'on oppose. On n'aura plus qu'à rechercher les meilleures solutions désirables, afin de les appliquer sans attendre. Ce va être une crise favorable d'*Evolution réelle et forcée*, dont le commencement est d'autant plus utile à apprécier et à comprendre qu'il est absolument prochain, ainsi que Je l'ai dit. »

— « Je n'ai nullement besoin d'en prévoir davantage, — ni les détails. Je ne veux et Je n'ai voulu, ici, qu'une chose : c'est annoncer et faire connaître cet *Imprévu* prochain, afin qu'après l'on comprenne bien, pour la Science même, que la Science humaine de la Vie le pouvait savoir et prévoir, — comme Je l'ai fait. »

— « Donc à Septembre ainsi pour l'intelligence des suites ! car, Je le répète, après, le mouvement·de suppression commencé ne s'arrêtera plus que toute la Religion catholique, apostolique et romaine n'ait été tout à fait supprimée en France et à Rome, c'est à-dire pour toute l'Italie. » — « La suite, on le comprend, se suivra de même pour toutes les missions et pour toutes les corporations religieuses en dépendant. » — « C'est pourquoi, c'est le temps qui nous fera les suites ; mais, ce qu'il importait de bien comprendre, c'est le commencement même d'où elles viendront. Et voilà bien aussi pourquoi Je vous en parle, Moi, d'avance. »

— « Je n'ai pas manqué quelquefois de parler de même, en certaines circonstances, de quelques événements imprévus et importants, dont la vérification s'est déjà faite ainsi. Ces observations étaient du même genre que celles qui correspondent aux choses que Je vous dis ; mais elles n'étaient que des annonces personnelles, tandis que maintenant c'est d'un fait général et social qu'il s'agit, un fait dont l'importance est capitale, et qui, par cela même, doit être bien compris pour qu'on en apprécie toutes les conséquences. »

— « Le temps de la vérification annoncée n'étant pas éloigné, on n'aura plus besoin d'autres explications faites à l'avance, ni de se mettre à discuter, non plus,… par impatience ou toute autre raison de circonstance ! » — « On est ainsi suffisamment, et, dès maintenant, prévenu de « *ce fait imprévu de tous* », et que l'on va voir cependant se produire. Il ne reste plus maintenant qu'un seul mois à attendre. L'impatience serait inutile et la patience ne sera pas longue ! »

Mais, après que le mois de septembre aura fourni les preuves publiques à vérifier, c'est alors qu'il conviendra d'en constater les conséquences, et puis aussi d'en apprécier les considérations de toutes sortes qui en doivent résulter :

D'abord, la prévision elle-même des Evénements étant ainsi bien démontrée, il en résultera que Je les ai pu savoir et connaître à l'avance ;

En second lieu, que les motifs, que Je leur ai assignés, sont les causes qui les ont, en effet, fait faire ;

Enfin, que si j'ajoute : « Que *Je les ai voulus,* » l'on pourra m'en croire sur parole, sans que Je m'inquiète, Moi, d'ailleurs, de ce que l'on pourra croire ou penser à cet égard. »

———

— « Je suis libre de n'en rien dire, ou d'en parler à mon gré, selon qu'il me pourra paraître utile… pour la Science elle-même, et pour la *Vérité… scientifique.* »

———

— « *La Science vraie de la Vie* est ce que Je me propose d'*Expliquer* en détail par la suite. J'y aurai préludé par une *grande Expérience* faite publique et que nul ne pourra contester :… une grande Expérience… faite sur la Vie ! »

— « En même temps, cette Expérience sera une œuvre de justice humaine et sociale. »

— « Elle sera, de plus, une démonstration de la puissance sur la Vie réalisée par la Science. »

— « Pour tout le reste, et pour Moi-même, le Temps... pourra se faire... avant que l'on comprenne... bien d'autres conséquences multiples ; mais l'Expérience faite restera, et Je pense qu'on ne niera pas que J'aie pu, moi, prévoir les choses à l'avance, puisqu'aussi bien Je les aurai dites. »

Je n'ai donc aujourd'hui qu'à renouveler, pour ainsi dire, mes dires antérieurs, afin de les rappeler pour qu'au mois de septembre qui vient on s'en souvienne. Et l'on ne pourra pas les oublier, d'ailleurs, car Je vous donne Moi-même, Ici, dès maintenant, rendez-vous pour le 20 septembre, — afin de pouvoir, ce jour-là, constater avec vous, les faits, publiés alors, qui se seront pu accomplir pour le but même que J'indique, et que J'ai pu annoncer comme devant se produire du 10 au 20 septembre.

Chaque Jour nous rapproche de vingt-quatre heures de la vérification publique annoncée. C'est si court maintenant, le terme à apprécier, que J'aurais bien mauvaise grâce de vous prier beaucoup pour avoir la patience d'attendre.

Mais Je ne trouve pas mauvais, non plus, que vous me disiez que vous êtes impatients « d'en constater les circonstances, afin de pouvoir bien ensuite en mesurer et apprécier toutes les conséquences... pour la Science, — la Science vraie de la Vie humaine et sociale. »

A septembre donc, au 20 septembre, pour notre nouvelle Réunion publique, — où nous pourrons ensemble vérifier les Eléments et les résultats obtenus... pour le but annoncé, et que Je redis ainsi : « *la fin prochaine et imminente de la Religion catholique, apostolique et romaine* », — dont le commencement à observer se fera, ai-je dit, publiquement connaître, à Paris et à Rome, le 10 septembre 1896.

Pour nous, donc, Chers Citoyens, nous n'avons plus ainsi qu'à attendre un mois seulement, — afin de pouvoir vérifier bientôt mes dires ;... mais nous aurons toujours eu, entre nous, le mérite d'y avoir pu songer d'avance, puisqu'ainsi spécialement nous en sommes prévenus.

Et, Pour Moi-Même qui vous l'annonce, Je me félicite avec vous, par la pensée intime que ce fait capital assurera par lui-même tout l'avenir de notre chère République.

Vive la République Sociale et Universelle !

JULES ALLIX
62, rue Tiquetonne. — Paris.

A LA RÉUNION

— La fin du Discours du c. *Jules Allix* est saluée d'applaudissements unanimes.

Un membre. — Si c'était donc possible, ce serait trop beau !

Le c. Jules Allix. — C'est le 10 septembre qui vous instruira. Les Epidémies marchent vite. Si votre Comité qui doit se réunir la veille, le mercredi 9 septembre, ne se tenait que le vendredi 11, nous pourrions ici connaître le premier résultat annoncé pour le 10. En tous cas, Je vous invite tous à la *Constatation scientifique*, que Je ferai des résultats, obtenus du 10 au 20 septembre, dans une réunion publique, qui aura lieu 133, avenue de Clichy, au *Casino des fleurs*, un dimanche, dans la journée, à deux heures et demie.

Plusieurs. — Nous y irons.

Le Président. — J'ai reçu d'un Membre la proposition d'un *Ordre du Jour*. Je vous en donne lecture.

ORDRE DU JOUR :

Le Comité de l'Union des Républicains Socialistes du IIe arrondissement, réuni en sa séance mensuelle, le mercredi 12 août 1896, salle du Nègre, 16, rue Sainte-Appoline, à 9 heures 1/2 du soir.

Après avoir entendu le Discours prononcé par le c. Jules Allix sur la fin prochaine et imminente de la Religion catholique, remercie l'orateur ;

Lui donne acte de sa communication concernant ses prévisions pour la suppression des Religions ;

Et, comme la date de constatation première est indiquée pour le 10 septembre prochain, réserve jusque-là ses appréciations ;

Mais aussi, le c. Jules Allix ayant indiqué une Réunion publique pour le 20 septembre suivant, afin d'y expliquer les Evènements qui doivent, selon lui, se produire, prend note de sa convocation pour assister à cette réunion.

Le présent Ordre du Jour sera communiqué à la presse avec prière de le publier.

Le Président. — Je mets aux voix l'ordre du jour.

Il est voté à l'unanimité et applaudi après le vote.

Le Président annonce aux Membres la réunion mensuelle du Comité pour le mercredi 9 septembre, avec l'espoir d'une Conférence faite par le c. *Goussot*, député.

On se sépare à onze heures et demie.

Tous les membres félicitent à nouveau le c. *Jules Allix* et lui pressent la main.